Nota a los padres

Aprender a leer es uno de los logros más importantes de la pequeña infancia. Los libros de *¡Hola, lector!* están diseñados para ayudar al niño a convertirse en un diestro lector y a gozar de la lectura. Cuando aprende a leer, el niño lo hace recordando las palabras más frecuentes como "la", "los", y "es"; reconociendo el sonido de las sílabas para descifrar nuevas palabras; e interpretando los dibujos y las pautas del texto. Estos libros le ofrecen al mismo tiempo historias entretenidas y la estructura que necesita para leer solo y de corrido. He aquí algunas sugerencias para ayudar a su niño *antes, durante y después* de leer.

Antes
• Mire los dibujos de la tapa y haga que su niño anticipe de qué se trata la historia.
• Léale la historia.
• Aliéntelo para que participe con frases y palabras familiares.
• Lea la primera línea y haga que su niño la lea después de usted.

Durante
• Haga que su niño piense sobre una palabra que no reconoce inmediatamente. Ayúdelo con indicaciones como: "¿Reconoces este sonido?", "¿Ya hemos leído otras palabras como ésta?"
• Aliente a su niño a reproducir los sonidos de las letras para decir nuevas palabras.
• Cuando necesite ayuda, pronuncie usted la palabra para que no tenga que luchar mucho y que la experiencia de la lectura sea positiva.
• Aliéntelo a divertirse leyendo con mucha expresión... ¡como un actor!

Después
• Pídale que haga una lista con sus palabras favoritas.
• Aliéntelo a que lea una y otra vez los libros. Pídale que se los lea a sus hermanos, abuelos y hasta a sus animalitos de peluche. La lectura repetida desarrolla la confianza en los pequeños lectores.
• Hablen de las historias. Pregunte y conteste preguntas. Compartan ideas sobre los personajes y las situaciones del libro más divertidas e interesantes.

Espero que usted y su niño aprecien este libro.
—Francie Alexander
Especialista en lectura
Scholastic's Learning Ventures

A Cathy y Marv, con un gran
abrazo "de oso"
—M.B.

Agradecemos especialmente a Laurie Roulston del Museo
de Historia Natural de Denver por sus conocimientos

Originally published in English
as *GROWL! A Book About Bears*

ISBN 0-439-16307-2

Text copyright © 1999 by Melvin Berger.
Translation copyright © 2000 by Scholastic Inc.
All rights reserved. Published by Scholastic Inc.
SCHOLASTIC, MARIPOSA, HELLO READER, CARTWHEEL BOOKS
and associated logos are trademarks
and/or registered trademarks of Scholastic Inc.

12 11 10 9 8 7 6 5 4 3 2 1   00 01 02 03 04

Library of Congress Cataloging-in-Publication Data available.

Printed in the U.S.A.   23
First Scholastic Spanish printing, September 2000

¡GRUÑIDOS!

Un libro sobre osos

por Melvin Berger

¡Hola, lector de ciencias! — Nivel 3

SCHOLASTIC INC.
Cartwheel B·O·O·K·S ®

New York Toronto London Auckland Sydney
Mexico City New Delhi Hong Kong

CAPÍTULO UNO

¿Qué comen los osos?

En el cuento de *Ricitos de Oro y los tres osos*, los osos comían avena con leche. Pero los osos de verdad comen mucho más que eso.

¡Y siempre están hambrientos!

Hay diferentes tipos de osos.
Y cada uno come de manera diferente.

El **oso pardo** es un tipo de oso.

Los osos pardos se alimentan de:

- pasto y raíces,
- peces que sacan del agua,
- animales pequeños que se ocultan bajo la tierra,
- y animales más grandes como los ciervos.

¡Y cómo comen!

Un oso pardo come unas 35 libras de comida al día.

¡A ti te llevaría dos semanas comer esa cantidad!

Los osos pardos comen mucho porque son muy grandes.

El oso pardo puede llegar a ser tan grande como un sofá y pesar como 10 personas adultas.

Los **osos polares** se alimentan sobre todo de focas.

A veces cazan morsas, y también se alimentan de ballenas y peces muertos.

El oso polar, también llamado oso blanco, vive donde hace mucho frío y come mucha comida que le ayuda a mantenerse caliente.

Además, la espesa capa de grasa que tiene bajo la piel lo protege del frío.

A muchos osos les gusta la miel.

Pero al que más le gusta la miel es al
oso malayo.

Por eso a veces lo llaman oso mielero
o colmenero.

El oso malayo es un oso pequeño.

Mide un poco más de un metro.

Pesa más o menos como un niño de
cuarto grado.

Los osos malayos pasan el tiempo
trepándose a los árboles y descansando
sobre las ramas.

El **oso bezudo** caza hormigas y termitas.

Abre los hormigueros, mete la lengua que es muy larga y...

¡GLUP!

Se traga los insectos.

¡Imagínate el ruido que hace!

El oso bezudo, también llamado oso indio, camina muy lentamente.

Se llama bezudo porque tiene unos labios grandes y salientes.

Los **pandas gigantes** comen bambú.
Sin el bambú se morirían de hambre.

El panda gigante tiene un cuerpo
rechoncho cubierto de un pelaje blanco
con manchas negras.
En las patas delanteras tiene seis dedos.
El dedo extra, llamado pulpejo, le sirve
para sostener el bambú.

Hace tiempo la gente pensaba que los
osos pandas eran mapaches grandes.
Ahora, la mayoría piensa que son
realmente osos.

CAPÍTULO DOS

¿Cómo buscan comida los osos?

Todos los osos tienen una nariz grande
llamada hocico.
¿Cómo crees que el hocico los ayuda
a llenarse la panza?

El hocico ancho les da a los osos un
agudo sentido del olfato.
Los ayuda a encontrar comida.
¿Sabías que un oso puede sentir el olor
de una persona a una milla de distancia?
¡Pueden oler un animal muerto a 12
millas de distancia!

Los osos caminan mucho para encontrar comida.

Pero no caminan sobre los dedos como la mayoría de los animales.

Los osos caminan apoyando el pie entero en el suelo de la misma manera que tú caminas.

Los osos también se paran en dos patas,
lo que los hace mucho más altos.
Así pueden alcanzar los alimentos que
están muy arriba y ahuyentar a sus
enemigos.

A pesar de su gran tamaño, los osos
corren velozmente.
Un oso grande puede perseguir a un
ciervo a 40 millas por hora, que es más
rápido que el galope de un caballo.
Pocos animales logran escapar de
los osos.

Con excepción del panda, los osos
tienen cinco dedos en cada pata.
Cada dedo termina en una garra larga
y afilada.
Las garras siempre están a la vista.
Los osos usan sus garras para

- cavar la tierra en busca de
  raíces,
- subirse a los árboles,
- arrancar frutas y bayas,
- y atrapar otros animales.

Los osos son animales imponentes.
Tienen cabezas enormes y peludas,
y bocas llenas de dientes grandes.
Clavan sus afilados dientes en los
animales que comen.
Sus muelas son aplanadas y les
sirven para masticar raíces y plantas.

Los osos son muy grandes.

Su pelo largo y abundante hace que
parezcan aún más grandes.

Pero en general, los osos son mansos,
salvo cuando una persona o un animal
se acerca a sus crías o a su comida.

Entonces, ¡cuidado!

Los osos se enojan muy fácilmente.

CAPÍTULO TRES

¿Cómo se preparan los osos para el invierno?

En el otoño, la mayoría de los osos comen más que de costumbre.
Todos los días devoran muchos alimentos.
Comen tanto que se ponen muy gordos.

Entonces, los osos buscan lugares para pasar el invierno.

Su casa de invierno se llama madriguera.

Una madriguera puede ser

- una cueva,
- un tronco hueco,
- un lugar bajo una roca,
- un techo de ramas,
- o un agujero cavado en la nieve.

Cuando llega el invierno y hace frío,
los osos no pueden encontrar comida.
Cuando comienza a nevar, el oso se
va a su madriguera.
Se acurruca.
Y se duerme profundamente.

Durante todo el invierno, los osos no comen ni beben.

Viven de la grasa de su cuerpo.

¡Se la pasan roncando día y noche!

Los osos duermen durante mucho tiempo.

Pero se despiertan fácilmente.

Un ruido fuerte hace que se despierten sobresaltados.

A veces, los osos se despiertan en los días cálidos de invierno.
Entonces salen de sus madrigueras, y caminan durante un rato.
Luego vuelven a sus madrigueras, y antes de que puedas decirles "buenas noches", ya están roncando de nuevo.

En realidad, los osos se despiertan
en la primavera.
Salen lentamente de sus madrigueras.
Tienen mucha sed y toman mucha agua.
A veces comen nieve.

Luego buscan alimentos.
Huelen el suelo en busca de pasto
y raíces.
Las plantas comienzan a brotar.
Es fácil encontrar peces, insectos
y animales.

Algunos animales también duermen
durante el invierno.
A eso se le llama hibernación.
Los murciélagos, las ranas y las
serpientes hibernan.
Duermen durante todo el invierno.
Respiran lentamente.
Su corazón late más despacio.
Y las temperaturas de sus cuerpos
bajan mucho.

¿Hibernan realmente los osos?

Los osos tienen el sueño liviano y se despiertan fácilmente.

La respiración y los latidos del corazón son un poco más lentos, pero la temperatura del cuerpo es casi la misma.

Algunas personas dicen que los osos hibernan.

Otras dicen que sólo duermen una larga siesta.

Tú, ¿qué crees?

CAPÍTULO CUATRO

¿Cuándo nacen las crías?

La mayoría de los ositos nacen durante el invierno.

La madre tiene sus ositos en la madriguera.

Generalmente nacen dos al mismo tiempo.

Los bebés de oso se llaman oseznos.

Los oseznos son pequeñitos.

Cada uno parece una ratita sin cola.

Pesan alrededor de una libra, mucho
menos que un bebé humano.

Los oseznos son indefensos.

Tienen los ojos cerrados.

No tienen dientes.

No tienen pelo.

No pueden caminar.

Las crías se quedan en la madriguera
unos dos meses.
La mamá osa los tiene bien arrimaditos
a ella.
Los mantiene calentitos.
Y los amamanta con su leche.

Los oseznos crecen rápidamente.

En la primavera, los osos salen de sus
madrigueras.

Las crías corretean y son muy graciosas.

Los ositos juegan con la mamá osa.

La mamá osa enseña a sus crías a cazar
para comer.

Ahuyenta a cualquier animal que se
aproxime.

Esta osa negra enseña a sus crías a
subirse a los árboles.

Las crías se alimentan de nueces y hojas.

Se quedan en las ramas hasta que la
mamá les dice que bajen.

La osa polar enseña a sus crías a nadar.
También les enseña a atrapar peces.
A veces lleva a las crías sobre la
espalda.

La osa malaya enseña a sus crías a
cazar de noche.
También les enseña a hacer un lecho
de ramas en un árbol.
Y allí duermen durante el día.

Todas las crías se quedan con sus
madres durante mucho tiempo.
Algunas se quedan durante meses.
Otras se quedan varios años.

Cuando llegue el momento, las crías
sabrán cuidarse solas.
Encontrarán su propio alimento.
Buscarán un compañero o una compañera.

Y todo comenzará nuevamente.
Durante la primavera, el verano y el
otoño, los osos comen y comen.
Cuando llega el invierno, se meten en
sus madrigueras, y se van a dormir.
Y, por supuesto, roncan.

Las mamás osas tienen oseznos.

Alimentan y cuidan a sus bebés.

Si sueñan, soñarán con la primavera.

¡Qué duerman bien ositos!